화려한 오독

고종만 시인은 충남 태안군 소원면 파도리에서 태어났다. 2017년 ≪리토피아≫로 등단했다.

리토피아포에지 · 71
화려한 오독

인쇄 2017. 11. 20 발행 2017. 11. 25
지은이 고종만 펴낸이 정기옥
펴낸곳 리토피아
출판등록 2006. 6. 15. 제2006-12호
주소 402-814 인천 남구 경인로 77
전화 032-883-5356 전송032-891-5356
홈페이지 www.litopia21.com 전자우편 litopia@hanmail.net

ISBN-978-89-6412-092-7 03810

값 10,000

이 도서의 국립중앙도서관 출판예정도서목록(CIP)은 서지정보유통지원시스템 홈페이지(http://seoji.nl.go.kr)와 국가자료공동목록시스템(http://www.nl.go.kr/kolisnet)에서 이용하실 수 있습니다.(CIP제어번호: CIP2017026851)

고종만 시집

화려한 오독

LITERATURE & UTOPIA

시인의 말

시의 마을을 기웃거린 지
십여 년이 훌쩍 넘어버렸습니다.
나에게 시는 온전한 내 목소리
온전히 발가벗은 내 고백이었으므로
쓰는 아픔과
아픔을 보는 기쁨 속에 묻어 왔었습니다.

영원한 연인인 내 여식이
제 짝을 찾이 떠나면서
이제는 시의 연인들을 만나 덜 외로우라고
슬몃 시의 마을 안으로 등을 떠밉니다.
부끄럽고 부끄럽지만 떠나는 마음을 위하여
이 고백을 내밉니다.

2017년 가을 파도리에서
고종만

차례

제1부

먼 길 15
숲에서 온 편지 16
문턱 18
알받이 닭 19
돌의 노래 20
사금파리 21
유성 22
수박 고르기 23
그늘 24
젓가락 25
간잽이 26
그 해 세밑 27
부자 28
한 손 29
매미 30
토막말 31
연인산 32
힐메와 염소 33
눈길 34

제2부

장터 37
흰제비꽃 38
누구며 누구인가 39
붕장어가 사는 법 40
똥파리 41
현정이의 계산법 42
빈손 43
허드렛돌 44
가지치기 45
원죄 46
산도화 47
해송 48
울음 49
침몰하는 밤 50
앵두 51
편지 52
깊어지는 법 53
도랑물에 얼굴을 씻자니 54
오래된 의문 55

제3부

재덕이 59
말복 60
거룩한 의식 61
잃어버린 풍경 62
토막잠 64
화려한 오독 65
그냥 그렇게 66
풀밭 위의 식사 67
할머니 말씀 68
아내의 생일 69
은비녀 70
빛으로 남은 말 71
그 마음 72
환청 73
학 74
슬픈 꿈 75
문 76
버즘나무 77
하얀 집 78

제4부

텃밭 81
풋사과 82
집을 허물며 83
네가 내게 있었구나 84
비슷비슷한 85
목 자를 찾습니다 86
그때 우린 뭘 가지고 그렇게 웃었지 87
주목이 사는 법 88
맹모삼천지교 89
현정이의 일기 90
손가락 91
할메의 시간들 92
꽃단장 93
낙화 94
벽 95
꽃지에 가면 96
유랑견 97
소 98
꿈 99
한 대답 100

발문/김삼주

결코 화려하지 않은, 사람과 세상 읽기 103
—고종만의 시세계

| 제1부 |

먼 길

누구일까 그는
먼 길 위에서,
헐렁해진 남루
암면 같은 창가에 정오의 시계바늘처럼 서 있는
그는 누구일까

먼 길을 먼눈으로 더듬는
그가 궁금한 삼경

첫눈이 내리는 어둔 모퉁이에서
눈 밝은 세상 한복판까지
긴 발자국을 세고 있는
그는 누구일까

숲에서 온 편지

뿌리는 뿌리대로
가지는 가지대로
얼크렁설크렁 뒹구렁물그렁
어깨에 어깨 걸고
가슴에 가슴 잇대고
다 그렇게들 사네요
겉잎에 속잎
묵은 잎에 햇잎
얼크렁설크렁 뒹구렁물그렁
작은 건 작은 대로
너른 건 너른 대로
다 그렇게들 사네요
간간이 아우성도 치지만
얼크렁설크렁 뒹구렁물그렁
굽은 건 굽은 대로
뒤틀린 건 뒤틀린 대로
다 그렇게들 사네요

난 자리에 들면서,
든 자리에 또 나면서,

문턱

사형수 곁에서
밤을 함께 지세우지 않은 자
문턱,
그 높낮이에 대하여 논하지 마라

알받이 닭

단칸 철망에 갇혀
한 줌 모이로 기꺼이 하루를 사는
저 알받이 닭의 삶에 대하여
애써 외면하렵니다
또한 한 줌 모이를 던져 주고
저 알받이 닭의 생을 착취하는
저 사내의 삶에 대하여
또한 애써 외면하렵니다
하지만, 저 알받이 닭에게 씌워진
철망이 풀리는 그날이
저 알받이 닭의 마지막 날이라 생각하니
저 사내가 위대해 보입니다

돌의 노래

사람들은 내가
씨앗 하나 키우지 못한다
손가락질만 합니다
뜨거워질 수도
차가워질 수도
속내까지 흥건히 젖을 수도 있는데
사람들은 내가
인정머리 없는 놈이라고
손가락질만 합니다
늘 내 가슴은 열려 있어
불상도 키우고
마리아상도 키우고
꽃과 나비도 키우고 있는데
사람들은 내게
똥 묻은 신발이나 비비고 갑니다

사금파리

한때는 따스한 손길에 잠깨고 잠들었을
한때는 뜨거운 식탁에서 호강도 누렸을
시퍼런 사금파리
너의 잘못이었는지
너 아닌 너의 잘못이었는지
뒷골목 웅덩이에 처박힌
사금파리
세상을 향해 날카롭게 서 있다
누구라도 걸리기만 하면 단숨에 베겠다는
깨어진 생
흉기로 남은,

유성

어느 왕국의 유배된 선비인지
한 일 자로 할복하여 생을 번쩍 지웁니다

수박 고르기

톡톡 두드려도 보지만
줄의 선명도도 살피지만
꼭지의 신선도도 따지지만
배꼽의 크기도 재어보지만
그게 그것이고 그게 그것이라며, 마음은
이미 덩치가 제일 큰 놈에게 머물러 있습니다
소리가 경쾌하다며
줄이 선명하다며
꼭지가 싱싱하다며
배꼽이 제일 작다며
골라주는 수인의 손길을 뿌리치고
덩치가 제일 큰 놈을 안고 나오는데
오늘 당신의 선택은 실패했다며
수박들이 저마다 이죽댑니다

그늘

떨어지는
꽃잎은
제 그늘을 보듬은 채 삭더라

젓가락

식탁 밑으로 떨어진 젓가락 한 짝을 집으며
아내를 생각합니다
아내가 곁에 있었다면
젓가락 두 짝을 다 바꾸든지
한 짝을 바꾸든지
그랬을 것입니다
오늘은,
그냥 바닥에 떨어진 젓가락을 주워
아무렇지도 않게 밥을 먹습니다
젓가락 한 짝에서
아내의 여윈 등이 설핏
보였습니다

간잽이

비몽사몽
늦은 술자리로 까칠한 아침입니다
콩나물국이 간이 맞지 않습니다
삶이 밍밍해
간을 맞추느라 한 잔 두 잔 마시다 보니
날이 새는 줄 몰랐노라
너스레를 떨지만
간고등어에 염장 지르는 소리 작작하고
종지 같은 삶에라도 간을 맞추려면
어서 한 술 뜨고 출근하라
밍밍한 콩나물국에 간을 먹입니다
그라고 왜 속이 없겠나요
한 줌 소금 같은 생활비로 이십여 년을
간고등어처럼
짭조름하게만 살았으니

그 해 세밑

팔순 노모가 발라주는 생선을
중늙은이 아들은 넙죽넙죽 받아먹습니다
희멀건 알전구 아래,

이렇게
둘이 겸상한 적이 언제였냐고
세끼 먹는 거 예나제나 마찬가진데
하룻밤 못 잘 만치 바쁘냐고
혼자 먹는 괴기국이 둘이 먹는 시락국만 못하다고
생선을 바르는 손끝에 시선을 묻고……,
흰 머리 사이 검은 머리카락 하나 둘 돋는다고
다음엔 손주 손녀 며누리 함께 오라고
파김치 석박지가 간이 들었다고

생선을 발라 수저에 얹는 손끝이 가늘게 떨립니다
자꾸만 숙여지는
노모의 흰 이마에 가는 물결이입니다.

부자

이국 살이 일 년에 허름해진 쉰
아들이 팔순 아버지와 겸상을 했습니다
꾸역꾸역 밥만 먹느냐
팔순 어머니께서 한소리 하십니다
얼굴 봤으면 됐지
무슨 할 말이 구구절절하냐
어머니께 지청구를 먹이시는 아버지
그래도 그렇지 오랜만에 만났는데
애들은 건강히 학교 잘 다니느냐
에미 아픈 허리는 좀 어떠냐
경기가 좋지 않다는데 사업은 여전하냐
몇 마디는 해야 되는 거 아니냐
자꾸 채근을 하시자, 아버지
헛기침을 하시며 반주를 쭈욱 드시더니
제게 잔을 돌려놓으십니다

한 손

한 손이란 이름에선 슬픈 냄새가 난다
한 손이란 이름으로 염장된
자반고등어
생시에 이루지 못한 꿈과 꿈이
한 뱃속으로 한 등을 감싼
한 등으로 한 뱃속을 품은
한 손이란 이름
짭조름하게 숙성된
자반고등어의 시간

매미

이른 새벽인데
뜨거운 가슴아 터져라 터져라
애 애 애 애 끓이듯 짝을 부르고 있는
저 매미

짝짓기 한 매미는
그날부터
가슴으로만 울다가 울다가
그렇게 한 생을 놓는다는
그 진부하고도 진부한 속설을, 나는
어느 날부터 믿게 되었다

토막말

사랑한다 말은 못해도
잊은 적 없다 말은 하여야 할 텐데
아프지 말고 밥 잘 먹어
흘리다 삼키는 토막말

잊지 않겠다 말은 못해도
보고 싶겠다 말은 하여야 할 텐데
아프지 말고 밥 잘 먹어
삼키다 흘리는 토막말

연인산

늘 한 허리로 누워
귀엣말 이엉이엉 잇대도 그리운가

기인 기다림 끝
한 묶음 봉서 같은
깃 붉은 새 한 마리

서녘 놀의 광휘에 휘감긴
산에게서 산에게로 가고 있다

할메와 염소

샛말간 아침
할메와
할메보다 더 흰 염소
길을 나섰습니다
염소는 할메를 이끌고
파릇파릇 채마밭으로 가려하고
할메는 염소를 데리고
들꽃 널브러진 산기슭으로 가려하고, 늘
이른 아침이면
할메와 염소는
앞서거니 뒤서거니……,
입씨름에 힘자랑입니다
티격태격 아웅다웅……,
눈부시게 흰 그 풍경에는, 늘
할메 편에 선
한 아이가 있었습니다

눈길

늘 오르던 산길
발등을 덮을까말까 한 눈,
이른 산행이라 그런지
길을 튼 발자국이 보이지 않습니다
이 발자국이 다른 이들의 길이 된다는 생각에
조심조심 걷다
무심코 짐승 발자국을 따라 걸었습니다
그러다 그만 폭삭 주저앉았습니다
아뿔싸,
그의 가벼운 발자국에
이 무거운 몸을 얹었으니
그러고도 남을 일이지요

| 제2부 |

장터

눈이 저울이고 손이 저울이던
장터의 시간들
……밑지고 판다
……선심 썼다
덤에 덤을 에누리에 에누리를 얹고 내리는
입씨름이 되레 곱살스럽던,
고봉밥 같은 너털웃음이야 언제나 덤이던,
시락선지국 주발엔 사발웃음이 넘치던,
장터
지금은 세보나마나 열 개인 오징어다리를
굳이 헐 손가락 쉽듯 세어보았던,
눈이 저울이다 손이 저울이다
종내는 마음이 저울이 되던,
그 장터의 시간들

흰제비꽃

드넓은 양지를 발치에 두고
응달 바위틈에 뿌리를 내린 건
신만이 운명을 점지할 수 있다는 뜻일 게다
저토록 아픈 뿌리를 살면서도
꽃을 피운 건
어떻게 사는 게 신의 섭리에 따르는 것인지
이르는 뜻일 게다

누구며 누구인가

마차를 끄는 데 늙고 병든 말이
개보다 낫다면,
쟁기질 하는 데 절름발이 소가
개보다 낫다면,
강을 건너는 데 죽지 부러진 오리가
개보다 낫다면,
새벽을 홰치는 데 씨받이 끝난 닭이
개보다 낫다면,

빈집을 지키는 데 귀먹고 눈먼 개가
말보다 소보다 오리보다 닭보다 낫다면?
너와 나는
누구며 누구인가

붕장어가 사는 법

수족관 속 붕장어들
꼬리가 성한 놈 하나 없다
꼬리를 잘라 먹으며 잘려 먹히며
가슴 한켠을 불룩거린다

이웃이 뜰채에 실려 나가는 것도 못 본 채
곁눈질하며
숨을 껄꾹껄꾹 토해내며
잘린 꼬리를 사운대는 붕장어들

똥파리

급전이 필요해 급조된 밥상머리
입술이 돈다발처럼 두툼한 중늙은이 여자
퉁퉁 불은 듯한 검지손가락에
포도알만 한 진주 반지가 앉아 있다
……진주는 탯자국이 나야 자연산이고
……똥파릿빛이 나야 최상품이지라이
중늙은이 여자의 손이 찬그릇 위를 오갈 때마다
어릴 적, 구더기가 우글대던 푸세식 뒷간
웅가를 훼방 놓던 똥파리!
그 똥파리가 애앵 애앵
저공비행을 하는 게 아닌가
체할지 모를 급전이 마련한 밥상머리를

현정이의 계산법

다섯 살배기 현정이
동갑내기 감나무를 그려 달란다
나이테를 어떻게 그려 넣을 수 없어
다섯 살이라고 쓴 파란 이름표를
얼렁뚱땅 감나무 가슴에 달았더니
한참 들여다보던 현정이
퉁퉁 부어 크레파스를 낚아챈다
맨땅에 드러난 뿌리에
새파란 잔디를 입히고
노란 강아지와 갈색머리 아이
두 마리 파랑새와 조각구름도 띄우고
이름표를 부욱부욱 지우더니
연분홍 감 다섯 개를 매단다
1, 2, 3, 4, 5,
감에 숫자를 써 넣고
씨익 웃는다

빈손

배냇저고리에 주머니가 없다는 건
빈손으로 왔다는 뜻일 게다

수의에 주머니가 없다는 건
빈손으로 간다는 뜻일 게다

허드렛돌

고향집 문간에는 허드렛돌 하나가 살지요
그의 원적도 성별도 나이도 모르지만
품새가 푸르고 매끄러운 게
바닷가에서 왔으리라 짐작하지요
아마 할아버지는 알았을지도 모르는
그가 하는 일은 이루 헤아릴 수 없지요
대문 고임돌, 키를 돋우는 디딤돌, 메주를 띄우는 누름돌,
무딘 낫을 가는 숫돌, 화날 때 내리치는 주릿돌, ……,
이제 손을 놓고 먼지를 쓰고 앉은
그가 내게 속삭입니다
추억이 많아 외로울 수 없다고
자기는 언제나 제자리에 있으니
너무 늦지 않게 오라고
빛 낡은 문간에 기대앉은
허드렛돌

가지치기

뭉텅 잘려지는 길이만큼 하늘이 깊어집니다
뭉텅 잘려지는 넓이만큼 지상이 밝아집니다
뭉텅 잘려지는 무게만큼 마음이 가벼워집니다

원죄

초식동물은 제아무리 덩치가 커도
눈이 풀이고 혀가 풀이다

육식동물은 제아무리 덩치가 작아도
눈이 화살이고 혀가 비수다

육식에나 초식에나 두루 능수능란한 우리
덩치가 크든 작든
눈은 총알이요 혀는 장검이다

산도화

정화수 한 그릇 떠 놓고
찬 이슬에 무릎 꿇고 앉아
비나리비나리 길어 올리던 할메
할배 곁으로 잠드신 무덤가
겨우내 바람 회초리 맞고 서 있던
허름한 산복숭아 나무
야윈 마디마다 발그란 꽃망울들
세상을 방싯방싯 들어 올리고 있다

해송

사리나 조금이나 무싯날이나
세월을 잊은 듯 잃은 듯
해송 한 그루
갯것 줍기 한 생을 삭히시는 어머니의
갯가, 벼랑 너설에 옹송그려 엎드린
삐적 늙어버린
해송 한 그루
모질게 굽은 허리 늘어진 어깻죽지
툭툭 부르터 불거진 마디마디
한 폭의 수묵화처럼 잘 늙었다 말하지만
내게는 바위처럼 돋을새김 된 외로움,
해송 한 그루

울음

천불 천탑이 누대에 걸쳐 살았다는
소문을 따라따라 운주사를 갔지요
너른 빈 절터 느티나무 그늘에는
눈물 한 방울 남아 있지 않은 매미 허물이
새벽 이슬로 목을 축이고 있었습니다
더 울어 주어야 할 울음이 남아 있다는 듯이

침몰하는 밤

손안에 찰랑말랑 우윳빛 젖무덤
배꼽에 잘룩하게 걸린 허리
너의 나신을 크로키하는 밤
짙은 곳은 더 짙게 옅은 곳은 더 옅게
부푼 곳은 더 부풀게 오목한 곳은 더 오목하게
깊은 곳은 더 깊게 뜨거운 곳은 더 뜨겁게
네 위에 또
너를 입혔다 벗겨쌓는,
종내 네 한 몸 바로 세우지 못하고
침몰하는 밤

앵두

그날이었다
푸른 바람이 옷고름 여미며
보리밭 위를 수런수런 걸어가고
구름 속 반달이
수줍은 듯 얼굴을 내미는 순간
토담 곁으로 네가 비쳐진 날은,

온통 붉은 입술뿐이었다
톡 건드리기만 하여도
입 속으로 향그르 무너질
부풀대로 부푼,

편지

"보고 싶다"
한마디 말만 쓴 채
호수에 뜬 반달만 그리고 말았습니다
"보고 싶다"
한마디 말만 쓴 채
물레방앗간만 그리고 말았습니다
"보고 싶다"
한마디 말만 쓴 채
눈이 펑펑 쏟아지는 산기슭
외딴 집으로 걸어가는
한 사내만 그리고 말았습니다

깊어지는 법

가을은 저절로 깊어지는 게 아니더라
여치는 풀잎에 가슴을 문대며
감나무는 달빛에 얼굴을 부비며
달님은 호수에 몸을 씻으며
서로가 서로의
가슴으로
등으로
깊어지더라 깊어지더라

나의 호수도 너의 하늘에
너의 하늘도 나의 호수에

도랑물에 얼굴을 씻자니

하늘빛에 드맑은 도랑물
허름한 얼굴을 씻자니, 옴개구리가
고장물을 일으켜 얼굴을 지웁니다
앙금이 가라앉자
입은 온데간데없고, 옴개구리가
천연덕스럽게 넙죽 엎드려 있습니다
하필이면 입에,
부르튼 마음이 팔매질을 하지만
내 입술만 퉁퉁 일그러집니다
아이들이 해맑은 웃음을 씻던 드맑은 도랑물에
중늙은 얼굴을 쓰윽
들이밀 일은 아닌가봅니다
들국이 샛노랗게 웃고 있는 날에는
더더욱,

오래된 의문

선홍빛 단풍비가 주억주억 오시는 길
추적추적……,
누군가가 따라오고 있다,
아픈 누군가가 단풍 속으로 살고 있다
나도 그날이 오면 저 단풍 속으로 살 수 있을까

행선지를 모르는 버스에 소포 꾸러미가 된 나를 발견하는,
늦가을

| 제3부 |

재덕이

새신랑보다 더 벙근 입으로
청첩장을 돌리던, 재덕이
어린 상주보다 더 부은 눈으로
부고장을 돌리던, 재덕이
늙은 제주보다 먼저
기일을 손꼽던, 재덕이
새마을회관 마이크보다 먼저
소식을 날랐던, 재덕이

지금은 새마을회관 고욤나무 정자 그늘에
먹다 남은 감기약 시럽처럼 고여 있지만,

말복

말매미는 고욤나무 정자 뿌리가 들먹이도록 울었지
미역 감은 까까머리 기선이와 벌거숭이 경만이
볼 볼그족족한
개살구 해당화 열매로 푹 꺼진 뱃구레를 달랬지
동네 어른들 벼랑그늘에 무쇠솥을 걸고
호밀가루 수제비를 숭덩숭덩 떼어 넣고
돌깻잎 돌부추로 개장국을 끓였지
명절이나 할베 할메 생신날이나 겨우
희멀건한 고깃국을 먹을 수 있었던 그 시절
개장국이라니.
불뚝해진 배를 끌어안고
……애 애 애 풀피리,
복털이가 지금도 두 눈가에 너울너울한 그날은
아마도 몽돌을 따글따글 굽던 말복이었지
얼레지를 서로 먹겠다고 희번덕대던 한때였지

거룩한 의식

그는 이십층에 나는 이십사층에 산다
이른 아침이나 늦은 밤
마주친 게 오년은 족히 되었겠다
소 닭 보듯 닭 소 보듯
하다 오늘 이 거룩한 일요일 오후
우리 집 아롱이와 그 집 다롱이가 품에 안겨 만났다
단 한 번도 마주친 적이 없는 강아지들
마치 오랜만에 만난 소꿉친구인 양 반가워 죽는다

이십층 사내와 나는
비로소 목례를 나누는 거룩한 의식을 치렀다

잃어버린 풍경

징검돌이 빨래판이던
늘 푸른 냇가 빨래터

보지 말아야 할 말들이 살았고
반드시 보아야 할 말들도 살았지
담지 말아야 할 말들이 살았고
꼭 담아야 할 말들도 살았지
세워야 할 말들이 살았고
흘려야 할 말들도 살았지
묻어야 할 말들이 살았고
차마 묻지 못할 말들도 살았지
죽어서도 간직해야 할 말들이 살았고
한시라도 간직해서는 안 될 말들도 살았지
그 빨래터에는
비비면 비빌수록 두드리면 두드릴수록
더 선명해지는 말들이 살았고
그 말들이 눈물을 헹구었지

〉

지금은 냇물만이

남은 말들을 구시렁구시렁 흘리고 있지

토막잠

새파란 부들 잎이 엷게 흔들리고
서너 송이 연분홍 수련이 수줍은 듯 피었고
물병아리 예닐곱 기차놀이를 하는
하늘빛 방죽
샛노랗게 반숙된 태양이
서너 개 새송이 구름이
김을 모락모락 피우고 있는데
유랑인 낮달이 연밥 같은 이를 드러내 놓고
헤프게 웃고 있다

화려한 오독

늘 푸르고 넉넉한 산이어서
늘 평안한 줄 알았는데
헐렁한 사내의 낯선 방문에도
꿩은 축포를 쏘고
소나무는 송홧가루를 뿌리고
청설모는 숲을 헤치며 길잡이를 나섰다
백수는 누렸을 너도밤나무 발치로 흐르는
개울은 여울목을 내 주고
산까치 솔새 도라지 산국……
환영연을 베푸는
산,
이토록 기골이 장대한 산도
외로움엔 초연할 수 없었던가

그냥 그렇게

무슨 눈치가 빠르다고 이 눈치 저 눈치 살피며 살겠나요
보면 본 그대로, 못 보면 못 본 그대로 살지요

무슨 귀가 밝다고 이곳저곳 기웃거리며 살겠나요
들으면 들은 그대로, 못 들으면 못 들은 그대로 살지요

머리숱이 좀 적으면 어떻고 희끗하면 어떤가요
주름이 좀 깊으면 어떻고 짙으면 어떤가요

그냥 그렇게, 바람에 바람을 섞은 듯
네게 내가 내게 네가 섞이고 섞여 사는 거지요

풀밭 위의 식사

화가 마네의 '풀밭 위의 식사'를 감상하노라면
한 송이 꽃도 나비도 별난 먹거리도 보이지 않고
풀밭에 발가벗은 살들만 홍건합니다
어떤 해석을 내려야 시인다운 해석이 될까나,
빨래 개키는 아내에게 게슴츠레 물으니
늘 음흉한 망상이니 시어가 발기부전증에 걸리지이,
한말씀 치댑니다
이국의 화가 속내까지 꿰뚫는 주부십단께서
어찌 삼류 시인 속내 하나 못 다스린디야,
치근대듯 물으니
허드렛밀 그만 지대시요잉,
겹눈짓입니다

할머니 말씀

맛난 거, 맛난 줄 알고 먹는 거 잠깐이더라
좋은 거, 좋은 줄 알고 입는 거 잠깐이더라
맛난 거, 맛난 줄 모르고 먹는 건 더 잠깐이더라
좋은 거, 좋은 줄 모르고 입는 건 더 잠깐이더라
보릿고개 하루해는 길었어도
반백년 해로는 짧기만 하더라

아내의 생일

동그란
적황색 단호박 케익
쉰이란
아내의 나이에 촛불을 켠다

지긋이 촛불을 헤는 눈가에도
촛불을 끄는 머루 빛 입술에도
케익을 자르는 손가락 마디마디에도
쉰 세월이 젖어 있는
아내

포도주 한 잔에
한 송이 장미로 새로 벙그는
작은 하늘

은비녀

늘 정갈하시던 할머니
쪽찐 머리에 꽂혀 있던 은비녀에는
늘 볼 붉은 홍매
한 쌍이 웃고 있었지요
어머니는 오늘 저녁에도
할머니의 빛 낡은 경대 앞에 앉아
은비녀를 매만지시며
하얀 미소를 피우시네요

빚으로 남은 말

그믐달 아래
두 손 잡고
두 눈에 그렁그렁
빚으로 남은 말
주루룩주루룩
언제나 풀어낼까

그 마을

고추와 호박고지가 한 멍석에서 몸을 말리던
너와 내가 한 구들 위에서 홍역 꽃을 지우던

환청

그날 이후로 눈을 뜨나 감으나
그 유월의 바다가 귀에 살아야
갈매기는 서녘 바다에 어찌나 붉은 울음을 토하는지
오늘은 비 오는 이른 아침부터 가슴을 적셔야
생업을 팽개치고 그 바다로 달려갈 수 없었어야
안주로 나온 홍합 접시에는
너만 발그랗게 너울대고
막소주 잔에서는 너만 찔끔찔끔 넘쳐야
해당화며 원추리며 바위손이며 해송이며
할메할베바위는 곱게 늙는지
수평선은 여전히 유쾌하게 웃고 있는지
네 발자국 묻은 그 유월의 바다는 아픈 데 없이 잘 사는지
오늘밤은 등대에게 전화를 할까봐야

학

새가 될 수 없는 그리움은
그리움이 아니라네요

그리움에 날개가 없다면
둥피 같은 그 하얀 겨울을 어떻게 홀로 날 수 있냐네요
들불 같은 그 붉은 봄은 또 어떻게 홀로 날 수 있냐네요
그리움에 날개가 없다면
풀 향기 더 뜨거운 여름을 어떻게 홀로 날 수 있냐네요
가을이 곰삭아 흐르는 강심을 어떻게 홀로 날 수 있냐네요

그리움도 천년을 날면
새가 된다네요

슬픈 꿈

왜 꽃을 꿈꾸는가
어쩌면 꽃잎 끝에 부서지는
한 줄기 햇살을 발견하기 위해서일지 모를 일,

왜 사랑을 꿈꾸는가
어쩌면 사랑 위에 부서지는
영원한 한 줄기 그리움을 발견하기 위해서일지 모를 일,

절정에서 슬프지 않은 꽃이 없듯이
절정에서 슬프지 않은 사랑이 없듯이

문

모두들 내 안을 바람처럼 드나드는데
정작 나만은 내 안을 드나들 수 없네

버즘나무

버즘나무를 보네
버즘나무도 나를 보네
키가 자라면 자랄수록
둥치가 굵어지면 굵어질수록
뭐 그리 숨겨야 할 속내가 많은지
비루한 사내가 옷을 껴입듯
잎사귀를 자꾸만 매달던 버즘나무
이 한겨울,
벗은 버즘나무를 보네
벗은 버즘나무도 나를 보네
정수리에는 내게 없는
까치둥지가 있네

하얀 집

주름진 한 생애를 풀어
집을 짓는다
푸른 상엽을 먹으며 먹으며
육신을 가둔 허물 벗고 또 벗어도
결코 벗어날 수 없는 이승의 부끄럼,
기어다니던 몸뚱아리
하얗게 숨을
집을 짓는다
부끄럼이 익어 날개가 될
그날을 위하여
집을 짓는다

| 제4부 |

텃밭

나비를 꿈꾸다
노란 무꽃이며 흰 배추꽃으로 피다
칠월의 태양초로 불끈 발기하다
오이며 호박이며 가지며 꽃다지로 한 철을 수놓다
길손 같은 폭풍우에 가슴을 패이다
별빛에 내리는 풀벌레 울음 끌어안고 동치미며 짠지며 석
박지로 숙성되다
세밑에 내린 숫눈 속에 잠들다

풋사과

하늘빛 머금은 청안이
햇살 머금은 홍안이
마치 개구쟁이 같다
제때 제 세상을 만났으면
제상에 점잖이 앉을 것들,

조기유학 알성 현수막이 걸린 버즘나무
그늘 난전에 웅크린 풋사과 몇 알
향내 없이 떨떠름히 씹히는 표정

마치, 개구쟁이들이 제멋대로 끼적인
낙서 같은
입추에,

집을 허물며

집을 허물 때는
집을 지을 때처럼 설계도가 필요 없지
창문부터 와장창 깨부수든가
처마부터 마구 짓밟든가
기둥뿌리부터 앓던 이 뽑듯 뽑든가
용마루부터 폭삭 주저앉히든가
그저 내키는 대로 부수면 되지

사랑 탑을 쌓을 때처럼
이별하는 일도 없는 것처럼

네가 내게 있었구나

늦가을이 사락사락 밟히는 해질녘
술 한 잔 어떠냐 물으면,
대답보다 먼저 술잔을 권하던
네가 내게 있었구나
벗이여
네가 곁에 없어 오늘이 쓸쓸한 게 아니라
네가 이 가슴에 너무 많아 더 쓸쓸한
벗이여

비슷비슷한

비슷비슷한 옷을 걸치고
비슷비슷한 거리를 걷고
비슷비슷한 간판을 앞세운 가게에서 비슷비슷한
무리를 이루고 비슷비슷한 테이블에 앉아
비슷비슷한 이야기로 울그락불그락하고

비슷비슷한 꽃과 새로 비슷비슷한 사랑과 이별을 노래하고
비슷비슷한 시와 그림을 그리고
비슷비슷한 욕심도 길어 올리다 비슷비슷한
건널목을 건너 비슷비슷한 모퉁이를 돌아
비슷비슷한 짐을 들고 비슷비슷한 집에 들고
비슷비슷한 침대에 비슷비슷한 잠으로 구겨져
엎치락뒤치락도 잠꼬대도 이갈기도 비슷비슷한 이들

서로서로 비슷비슷하지 않기 위하여, 애걸복걸
새빠지게 몸부림을 쳤을,
서산마루 너설에 비슷비슷한
무덤들,

목 자를 찾습니다

건널목 버즘나무 가로수
목 자를 찾는다는 현수막이 펄럭이고 있다
"2007년 5월 8일 자정
검정색 승용차와 빨간 오토바이의
중앙선 침범 사고를 목격하신 분은……"
사고를 목격하였다 하더라도 목자가 아니고서
선뜻 목격자가 되려 하겠는가
그것을 떠돌이 바람이 어떻게 알았는지
휴지로 목격자의 '격' 자를 가리고 있었던 것이다
"목 자를 찾습니다"

그때 우린 뭘 가지고 그렇게 웃었지

너를 본다
빛바랜 흑백사진 속에서 해맑게 웃고 있는,
나를 본다
시냇물 따라, 따라, 흘러가는 새털구름 아래서
별비 꽃비처럼 쏟아지던 원두막 속에서
그때 우린 웃을 일도 없이 가슴이 저리도록 웃었다고
늘 한 웃음 속에서만 있었던 우린
적어도 한 곳을 보며 따로, 따로, 웃지는 않았다고

주목이 사는 법

살아 천 년 죽어 천 년이라는, 주목
어떻게 그토록 오래 살 수 있느냐
고명하신 식물학자님께 물으니
주목은 다른 나무와 달리
잔뿌리로만 삶을 꾸리기에 그토록 오래 살 수 있다시네요
뚱뚱한 온몸으로 두 팔을 흔들며 열변을 토하시는
고명하신 학자님께서

맹모삼천지교

고추는 적어도 세 번은 이식해야
열매를 실하게 맺을 수 있다

현정이의 일기

일곱 살 현정이가 그림일기를 씁니다
눈사람의 크기대로
할아버지 할머니 아빠 엄마
오빠 나 동생이라고 써 놓았습니다
크기 순서에 따라
나이도 따라 가느냐 물으니
큰 눈사람은 많은 눈송이로 만들었으니
그렇게 쓰는 거라고
지금까지 그것도 몰랐냐고
고개를 가로가로 돌이질합니다
나도 따라서 돌이질합니다

손가락

일손을 놓으니 보이지 않던 손가락이 보인다
다섯 형제가 오순도순 한 손으로
살갑게 살아온 세월
서로 키도 입성도 안목도 다르면서
서로 군말 시린 말 자리 탓 한 번 없이
궂은일에 한 손으로 바지런 떨며
좋은 일에 한 손으로 박수를 보내며
살갑게 살아온 세월
누구라도 아플라치면
행여 티끌에라도 스칠세라
제 몸인 듯 살았구나
엄지야 검지야 중지야 약지야 애끼야
서로가 서로의 등이 되어 가슴이 되어
처음인 듯 마지막인 듯
제 몸인 듯 살았구나

할메의 시간들

토사곽란에는 약쑥 다린 물
얼음 든 데는 가지대 다린 물
그만이고 그만이던

한 그릇 밥이 만병통치약이 되던
지금은 가고 없는
할메의 시간들

꽃단장

구멍 숭숭 누르퉁퉁한 런닝구는
늘 어깨가 축 늘어져 있었다
무릎이 헤지지 않은 바지는
우리 일곱 형제 혼인날뿐이었다
가끔 읍내 장날에
침몰 직전 낙배처럼 한쪽으로 기운 구두,
때 빼고 광을 냈지만 태가
제대로 나지 않았다, 할베
이제 겨우 살 만하신지
새 옷으로 갈아입으시고 다시 못 올
길 떠날 채비를 서두르신다
설까치가 까치밥을 쪼고 있는 감나무 곁에서
상여, 꽃단장을 하고

낙화

지니까 꽃이다
꽃이니까 진다

떠나니까 사랑이다
사랑이니까 떠난다

벽

바람이 차별 없이 불어오는 날에도
거리는 거리대로
사람은 사람대로
벽을 쌓느라 허무느라
뭐 보고 뭐 볼 겨를 없이 바쁘다
쌓을 건 쌓고 허물 건 허물어야 되겠지만
쌓는 것만이 벽을 더 굳건히 지킬 수 있다는 듯
허무는 것만이 벽을 더 새롭게 할 수 있다는 듯
햇살이 차별 없이 내리는 날에도
거리는 거리대로
사람은 사람대로
어제를 빌미로 오늘을 허무느라
내일을 빌미로 오늘을 쌓느라
뭐 보고 뭐 볼 겨를 없이 바쁘다
이 별빛 좋은 밤에도
너는 너의 벽에서
나는 나의 벽에서

꽃지에 가면

꽃지, 꽃지에 가면
꽃지라는 이름보다 더 고운 해당화가
산다네요
해당화보다 더 향그런 석화가
산다네요
석화보다 더 고혹한 낙조가
산다네요
꽃지, 꽃지에 가면
낙조보다 더 붉었던
너의 십일월
타다만 촛도막 같은 사내가
산다네요

유랑견

품새로 보아 한때는
꼬리를 흔들며
머리를 조아리며
가랑이 사이를 기며
따스한 밥그릇을 끼고 돌았을
강아지
무엇이 배고픈 자유를 택하게 했을까
합석이라도 하자는지, 외진 주막
문 안을 기웃거리고 있다

소

평생 진 멍에로는 전생의 업을 다 씻지 못했는가
북을 메어 또 백년을 울리는
소는,

꿈

떠나는 날
송사리 뱃속까지 환하게 비추는 냇가로
몸을 부리면
갈대가 될 수 있을까
도라지 보랏빛 내음이 촉촉한 산기슭에
몸을 부리면
억새가 될 수 있을까
서녘 놀에 더 짙어지는 무인도에
몸을 부리면
갈매기가 될 수 있을까
바람에게 묻다
바람이 되는
꿈

한 대답

당신이 내게
왜 시를 쓰느냐 물으면
당신은 왜 철따라 옷을 바꿔 입으며
울고 웃고 밥을 먹느냐
되묻겠습니다
그래도 또 물으면
산은 왜 저마다의 크기로 늘 푸르른 것이며
강은 왜 쉬지 않고 흐르는 것이냐
되묻겠습니다
그래도 어느 날 또 물으면
물고기는 왜 물에서만 살고
산새는 왜 산에서만 사느냐
되묻겠습니다
그래도 또 짓궂게 물으면
당신이 누군가에게서 멀어지듯
나는 내게서 멀어지기 위해서라고
주저 없이 말하렵니다

먼 길을 돌고 돌아 왔으나
호트러짐이 없이 반듯이,

|발문|

결코 화려하지 않은, 사람과 세상 읽기

—고종만의 시세계

김삼주 | 문학평론가 · 경원대학교 국어국문학과 교수

왜 '화려한 오독'일까. 무엇을 어떻게 말해서 '화려'하고 무엇을 어떻게 읽어서 '오독'했다는 것일까. 이 시집 어디에서도 '화려한' 시적 정황이나 '화려한' 수사는 물론 '오독한' 세상사의 의미는 찾을 수 없다. 만나는 시들은 하나같이, 그릇으로 치자면 뚝배기 같다. 그것도 오미를 갖추어 잘 차린 상에 오른 잘생긴 뚝배기가 아니라 시장 골목 목로주점에서 장국을 담아내는—전이 닳아 허옇게 벗겨지고, 밑바닥은 거칠어 밀어도 제자리를 비켜나지 않는, 그러면서도 제 본디 살집은 두터운 그대로여서 구수한 장국을 오랫동안 따듯하게 담고 있는—뚝배기 같다. 뚝배기 같은 질박한 어법, 충청도 해안 지방의 향토어가 뚝배기의 거친 살결처럼 돋아 맛을 돋우고, 느리지만 무거운 어조가 우리로 하여금 그 안에 담긴 따듯하고 구수한 그 무엇을 오래 생각하게 한다. 이처럼 그의 시들은 화려하지도 않고 무엇을 오독한 것도 아닌 듯한데, 그렇다면 '화려한 오독'이란 진정한 세상 읽기라는 의미에 대한 반어일까, 아니면 시 쓰기 행위에 대한 자조적 자기 풍자일까.

시를 쓴다는 것은 자신을 찾고 자신을 세상에 관계 짓는 일에 다름 아니다. 시라는 문학 장르는 서사문학이나 극과는 달리 서정적 자아의 내면 고백에서 출발하기 때문이다. 이 시집도 그러한 시 쓰기에서 크게 벗어나 있지 않은 것으로 보인다. 첫 시가 "먼 길을 먼 눈으로 더듬는/그가 궁금한 삼경"의 심경을 토로한 '먼 길'이고, 끝 시가 "먼 길을 돌고 돌아 왔으나/흐트러짐 없이 반듯이,/내가 내게서 멀어지기 위해서" 시를 쓰노라고 고백하는 '한 대답'인 이 시집의 구성은 그러한 사정을 여실히 말해 주고 있기 때문이다. 우리는 이러한 시적 자아의 자기 탐구에서 '화려한 오독'의 단서를 찾을 수 있을지도 모른다.

그는 태안의 바닷가 마을에서 태어났다. 태안군 파도리, 동으로는 수십 리 갯벌이 펼쳐 있고, 서로는 먼 서해의 청정한 파도가 끊임없이 밀려와 부딪치는 몽돌 해변이 절경을 이룬 작은 반도의 남단, 바다와 바다 사이 사방 이십여 리에 걸쳐 펼쳐진 논에서는 맑은 햇살과 바닷바람이 벼를 키우는 들판이다. 부지런하기만 하면 누구나 의식주에 걱정 없이 살 수 있는 이 천혜의 땅 파도리에 그는 태어나, 약관의 나이에 세상의 한복판을 향하여 꿈을 던질 때까지 갯벌과 파도와 들판과 모두가 한 가족 같은 사람들 속에서 성장한다. 그리고 그 이후 근 삼십 년, 꿈을 찾아 객지를 떠돌던 그가 자신을 향하여 이렇게 묻고 있다.

누구일까 그는
먼 길 위에서,
헐렁해진 남루
암면 같은 창가에 정오의 시계바늘처럼 서 있는
그는 누구일까

먼 길을 먼 눈으로 더듬는
그가 궁금한 삼경

첫눈이 내리는 어둔 모퉁이에서
눈 밝은 세상 한복판까지
긴 발자국을 세고 있는
그는 누구일까

—「먼 길」 전문

'그'는 지금 '먼 길 위'에 있다. 시적 자아는 여정의 출발점도 도착점도 아닌 여정 가운데 있다. 출발점에 있다면 으레 미래 지향적 의식이 주체의 사유를 이끌 것이며 도착점에 있다면 여정에 대한 반성적 의식이 또한 그러할 것이다. 그러나 여정 가운데 있으므로 그의 의식은 현재의 자아 성찰에 집중되어 있다. 그 성찰을 통하여 그는 "먼 길 위에서/헐렁해진 남루"라고 표백할 수밖에 없는 자신을, '남루'와 같은 '낡고 해진' 자신을, 발견한다. 그가 말하는 '길'이란 단순히 글자 그대로의 물리적 공간이 아니라 인생길이라는 점을 우리는 잘 알고 있다. 사람으로 태어나서 세상을 살아온 길, 이 길의 한 지점에서 그는 스스로 발견한 자기 자신을 '남루'라는 아픈 한마디로 형상화하고 있는 것이다. 이렇게 그는 자신이 걸어온 먼 길이 결코 평탄한 길이 아니었을 고백한다. 다시 말하면 그 길은 '남루'가 되도록 오래 걸어온 길이었으며, '남루'를 벗어나지 못했거나 벗어 던지지 못한–'남루'에

갇혀 있는—길이었음을 그는 술회하고 있다. 이처럼 그가 찾아 나선 자아는 출발점의 꿈을 이루지 못한 미완의 노정, 남루에 갇힌 그 가운데에 있다. 하여 그는 걸어온 길의 이 덧없음과 다시 걸어가야 할 길의 막막함 가운데서 마치 "암면 같은 창가에 정오의 시계바늘처럼 서 있는" 것이다.

"정오의 시계바늘", 그것의 의미를 곱씹기 위하여 어느 광장의 시계탑을 떠올려 보자. 정오의 시계바늘은 곧게 서 있다. 그 바늘 끝은 하늘 가운데 높이 솟은 태양을 가리키듯 곧게 서 있고, 우리가 하염없는 생각에 젖어 있듯 곧게 서 있다. 또한 정오의 시계바늘은 하루의 삶을 양분하는 중앙에 서 있다. 자연적 생명체들의 활동이 해가 떠서 지는 사이에 이루어진다는 점을 생각하면, 지나온 한나절이 하루 삶의 절반이고, 앞으로 나아갈 한나절이 하루 삶의 나머지 절반이다. 이 절반과 절반을 가름하는 중앙에서 남은 한나절을 향하여 나아갈 출발점을 이루며 정오의 시계바늘은 모든 바늘이 한 몸을 이루어 서 있는 것이다. 시적 자아의 의식이 왜 이 정오의 시계바늘에 닿아 있을까. 아마도 그렇게 하염없이 생각에 젖어 있고, 그 순간이 생의 절반이자 전환의 순간일 것이며, 또한 이 순간은 모든 바늘들이 한 몸을 이루는 것, 분리된 의식들이 하나로 통일되는, 새로운 결단의 순간일 것이다. '남루'를 벗어 던지고 새 옷으로 갈아입는 순간이거나, '남루'의 단추며 끈을 다시 조이는 순간일 것이다. 이 현재의 자아 성찰은 그가 "먼 눈으로 더듬는"다고 말하듯 자아의 객관화를 바탕으로 이루어진다. 그리고 "눈 밝은 세상 한복판"이라는 미래를 향하는 의지적 시선으로 전환된다.

이렇듯 시 '먼 길'은 이 시집이 자아 성찰에서 비롯되었음을 암시하고 있다. 그러나 우리는 이 시집의 표제 '화려한 오독'의 의문을 풀 단서를 확실히 찾지는 못했다. 다만 우리는 지금 그가 이 시에서 드러낸 과거 회상과 미래 예기의 시선을 따라가면 그 비밀이 드러날 것이라는 기대를 가질 뿐이다.

'먼 길'의 출발점은 어떠했을까. 그가 나고 자란 파도리와 그 안에 몸담은 존재들—가족이며 가족 같은 이웃들 그리고 그 밖의 생명들—은 그에게 어떠한 영향 관계로 이어져 있을까. 시 '텃밭'은 이점을 함축적으로 보여주고 있다.

나비를 꿈꾸다

노란 무꽃이며 흰 배추꽃으로 피다

칠월의 태양초로 붉끈 발기하다

오이며 호박이며 가지며 꽃다지로 한 철을 수놓다

길손 같은 폭풍우에 가슴을 패이다

별빛에 내리는 풀벌레 울음 끌어안고 동치미며 짠지며 석박지로 숙성되다

세밑에 내린 숫눈 속에 잠들다

—「텃밭」 전문

위의 시에는 '텃밭'이라는 공간이 주체로 등장한다. 시에서 하나의 개체가 주체로서 형상화될 때에는 개체로서의 삶이 문제되고 공간이 주체로서 형상화될 때에는 전체적 또는 총체적 삶이 문제가 된다. 그런 점에서 '텃밭'은 어느 특정한 개인의 삶의 문제라기보다는 '텃밭'으로 환유된 공동체적 삶의 양식을 얘기하고 있는 것으로 볼 수 있다. 그렇다면 이 시에 드러나는 삶의 양식은 어떠한 것일까. 무엇보다도 먼저 우리는 이 시의 사계를 주목할 필요가 있다. 꿈과 꽃, 태양초와 열매, 폭풍우와 풀벌레 울음, 석박지 등속과 눈과 잠, 그리고 잠이 다시 꿈으로 이어지는 사계의 순환에 '텃밭'이라는

주체의 삶이 전개되고 있다. 이처럼 이 공간으로서의 총체적 삶은 사계의 질서, 나아가 우주적 질서 속에서 영위되는 삶이다. 그것은 꿈과 꽃과 열매처럼 상승하기도 하고 폭풍우와 울음처럼 하강하기도 한다. 그리고 숙성되고 잠드는 해체와 재생의 과정을 거쳐 다시 꿈과 꽃으로 상승하는 것이다. 또한 그것은 꿈과 꽃으로 상승하는 환희와 폭풍우와 울음으로 하강하는 비애를 동시에 내포하는 모순적 생명인 것이다. 이처럼 모든 생명에게 본래적으로 주어진 이 우주적 질서로서의 삶이 고종만 시인의 출발점 상황을 이루고 있다.

그의 유년과 십대는 우리 현대사의 거센 물결이 온 나라를 뒤흔든 육, 칠십 연대였지만 그가 몸담았던 파도리는 그 격랑이 덮치지 못한 생명의 원리가 지배하는 곳–시인의 과거 의식에 유토피아로 남은 곳–이었다. 그곳에서는 "할메와/할메보다 더 흰 염소가/이른 아침이면/입씨름에 힘자랑"(시 「할메와 염소」에서)을 하는 곳이다. "염소는 할메를 이끌고/파릇파릇 채마밭으로 가려하고/할메는 염소를 데리고/들꽃 널브러진 산기슭으로 가려하"는 진풍경이 펼쳐진다. 그 풍경은 '눈부시게 희며', 눈부시게 흰 그 풍경 곁에 시적 자아가 있다. 말하자면 그곳은 현대적 의식들에 물들지 않은 '눈부시게 흰' 순수의 공간이다. 그곳에는 "새신랑보다 더 벙근 입으로/청첩장을 돌리던, 재덕이/어린 상주보다 더 부은 눈으로/부고장을 돌리던, 재덕이/늙은 제주보다 먼저/기일을 손꼽던, 재덕이"(시 「재덕이」에서)가 산다. 재덕이는 자신의 삶과 이웃의 삶을 분간하지 못한다. 이웃의 희로애락을 자신의 일로 알고 있다. 이웃의 삶이 곧 자신의 삶이다. 자아와 공동체가 일체화되어 있는 삶이 시인의 출발점을 이룬 '파도리'의 삶이다. 그곳에선 근대적 시장 경제도 공간의 제약 속에 있다. 인정이 상술인 세계, 물질과 인간이 구분되지 않은 세계이다. 그곳에는 치밀하게 계산된 이익이 사람들을 움직이는 것이 아니라 "덤에 덤을 에누리에 에누리를 얹고 내리는/입씨름이 되레 곱살스럽던,/고봉밥 같은 너털웃음이야 언제나 덤이던,/시락선지국 주발엔 사발웃음이 넘치던,/장터"(시 「장터」에서) 사람들이 살 뿐이다.

그렇다고 그곳이 모든 것이 구족한 낙원은 아니다. 그곳에도 가난이 있고, 아픔이 있고, 슬픔이 있다. 그 생의 비극성을 그들은 공동체의 운명으로 끌어안고 산다.

말매미는 고욤나무 정자 뿌리가 들먹이도록 울었지
미역 감은 까까머리 기선이와 벌거숭이 경만이
볼 볼그족족한
개살구 해당화 열매로 푹 꺼진 뱃구레를 달랬지

동네 어른들 벼랑그늘에 무쇠솥을 걸고
호밀가루 수제비를 숭덩숭덩 떼어 넣고
돌깻잎 돌부추로 개장국을 끓였지
명절이나 할베 할메 생신날이나 겨우
희멀건한 고깃국을 먹을 수 있었던 그 시절
개장국이라니,
불뚝해진 배를 끌어안고
……애 애 애 풀피리,
복털이가 지금도 두 눈가에 너울너울한 그날은
아마도 몽돌을 따글따글 굽던 말복이었지
얼레지를 서로 먹겠다고 희번덕대던 한때였지

—「말복」 전문

"개살구 해당화 열매로 푹 꺼진 뱃구레를 달랬지"라는 회상에서처럼 보릿고개 배고픔이 우리네 삶을 더욱 곤궁하게 하던 시절에, "토사곽란에는 약쑥 다린 물/얼음 든 데는 가지대 다린 물/그만이고 그만이던/한 그릇 밥이 만병통치약이 되던"(시 「할메의 시간들」에서) 그 시절에, 그곳 사람들은 '복털이'라는 회식을 통해 그 어려움을 함께 극복해 간다. 곳간에 곡식이 쌓여 있는 사람들보다도 '뱃구레를 달래야' 할 사람들을 위하여 호밀가루 수제비와 소박한 야채로 양을 부풀린 개장국을 끓이고 나눈다. 이웃들이 베푸는 그 위안의 힘으로 사람들은 "몽돌을 따글따글 굽는 말복"의 곤궁함을 "애 애 애 풀피리"의 신명으로 끌어올리고 또 이겨내는 것이다. 시인에게는 가족들도 그런 곤궁함을 이겨낸 아름다움으로 기억된다. 돌아가신 할머니를 시인은 "겨우내 바람 회초리 맞고 서 있던/허름한 산복숭아 나무/야윈 마디마다 발그란 꽃망울들/세상을 방싯방싯 들어 올리고 있다"(시 「산도화」에서)라고 추억하고, 늙은 모친을 "모질게 굽은 허리 늘어진 어깻죽지/툭툭 부르터 불거진 마디마디/한 폭의 수묵화처럼 잘 늙었다 말하지만/내게는 바위처럼 돋을새김 된 외로움,/해송 한 그루"(시 「해송」에서)라고 형상화한다. 그의 기억 속에 할머니는 앞에서 읽었던 '흰 풍경'이자 "정화수 한 그릇 떠 놓고 찬 이슬에 무릎 꿇고 앉아" 가족의 평안을 기원하던 '맑은 풍경'이다. 그 '할메'는 저승에서도 산복숭아로 아름답게 피어난다. "갯것 줍기 한 생을 삭히시는 어머니"의 삶은 한 그루 해송－한 폭의 수묵화처럼 잘 늙었다 말하지만, 내게는 바위처럼 돋을새김 된 외로움－으로 형상화된다. 출발점의 공간이 우주적 질서 속에 있음을 보았듯 그의 미의식도 산복숭아나 해송 같은 자연의 생명에 이어져 있다. 이처럼 '먼 길'의 출발점인 파도리의 삶은 곤궁함으로서의 삶이 옹이로 맺히지 않고 우주적 아름다움으로 승화된다.

그러기에 그곳은 시인이 현실에서 입은 상처를 치유하는 공간이기도 하다. 시 '부자'에서 드러나듯 출발점의 상황이 현대적 격랑에 산산이 부서져버린 지금에도 '파도리'는 아버지와 어머니로 남아 있어 그의 아픔을 치유한다. "이국 살이 일 년에 허름해진 쉰/아들이 팔순 아버지와 겸상을 했습니다/꾸역꾸역 밥만 먹느냐/팔순 어머니께서 한소리 하십니다/……/자꾸 채근을 하시자, 아버지/헛기침을 하시며 반주를 쭈욱 드시더니/제게 잔을 돌려놓으십니다"(시 「부자」에서)와 같은 정경처럼 이국 살이라는 현실적 아픔이 어머니의 채근과 아버지의 잔 돌려놓기로서 풀리고 있다. 어디 그뿐이겠는가. "팔순 노모가 발라주는 생선을/중늙은이 아들은 넙죽넙죽 받아먹습니다"라고 얘기하는 어머니와 아들처럼 먼 꿈의 길을 헤쳐 가고 있는 지금도 길 걷기에서 받은 상처는 그곳 출발점에 되돌아옴으로써 위무와 치유의 길을 찾는다. 이처럼 그곳은 단순한 고향의 의미를 넘어선다. 그곳은 시인에게 있어 아픔을 위무하는 사랑이 있는 공간이자 내일로 향하는 힘을 재충전하는 공간인 것이다.

시인에게는 가까이에도 이 힘이 있다. 그가 여러 편에 걸쳐 표백하는 아내의 사랑이 바로 그 출발점 공간과 동궤에 놓여 있다.

식탁 밑으로 떨어진 젓가락 한 짝을 집으며
아내를 생각합니다
아내가 곁에 있었다면
젓가락 두 짝을 다 바꾸든지
한 짝을 바꾸든지
그랬을 것입니다
오늘은,
그냥 바닥에 떨어진 젓가락을 주워
아무렇지도 않게 밥을 먹습니다
젓가락 한 짝에서
아내의 여윈 등이 설핏
보였습니다

—「젓가락」 전문

시인은 아내의 부재 속에서 아내의 사랑을 확인한다. 그는 어쩌면 부부란 젓가락 두 짝처럼 같이 있어야 기능을 다하는 존재들이라고 생각하는지도 모른다. 왜냐하면 그가 선택한 아내 사랑의 객관적 상관물이 젓가락이기 때문이다. 젓가락이 음식을 집는 기능을 어떻게든 수행하려 한다면 한 짝만으로도 가능할 수 있을 것이다. 그러나 그것은 불편과 힘겨움을 감수해야 한다. 혼자서 제 기능을 수행하기의 어려움은 다른 한 짝이 있음으로 해서 비로소 쉽고 편하게 해결될 수 있다. 그렇다고 이런 기능의 문제가 시인이 생각하는 부부애의 전부라는 것은 결코 아니다. "아내가 곁에 있었다면/젓가락 두 짝을 다 바꾸든지/한 짝을 바꾸든지/그랬을 것입니다"라는 시인의 생각에서와 같이 자신을 향한 아내의 마음씀씀이에서 시인은 부부애의 참모습을 발견한다. 그리고 "젓가락 한 짝에서/아내의 여윈 등이 설핏/보였습니다"라고 아내를 향한 그리움과 사랑의 마음을 드러낸다. 그에게 있어서 아내는 이처럼 '밥 먹기'로서의 현재적 삶에 위안과 사랑의 울타리가 되는 '파도리' 같은 공간이다. 현실적 삶이란 늘 '간고등어에 염장 지르듯' 쓰리고 '종지같이' 작고 보잘것없지만(시 「간잽이」에서), "한줌 소금 같은 생활비로 이십여 년을/간고등어처럼/짭조름하게만 산" 아내를 통해서 자신의 삶을 반성하고 스스로를 채찍질한다.

그래서 그는 아내 곁에서 편안해진다. 마치 막역한 벗에게처럼 외설스런 농담도 스스럼없이 건넨다. 시 '풀밭 위의 식사'에서 보는 바와 같이 발가벗은 여인들을 아내에게 보이면서 어떻게 그림을 해석해야 시인다운 해석이 될까 하고 '게슴츠레하게' 묻는다. 아내의 대답도 이 물음을 푸근히 감싸면서 비켜간다. 그리고 아내는 '곁눈짓'이라는 이해와 애정의 표현으로 그 상황을 벗어난다. 실제 상황을 보지 않은 우리에게도 지혜롭게 비켜가는 여인의 모습이 선연히 그려진다. 그래서 시인에게 아내는 "포도주 한 잔에/한 송이 장미로 새로 벙그는/작은 하늘"(시 「아내의 생일」에서)이며, 두 마리 자반고등어 한 손처럼 "생시에 이루지 못한 꿈과 꿈이/한 뱃속으로 한 등을 감싼/한 등으로 한 뱃속을 품은/ 손이란 이름"(시 「한 손」에서)으로 그 마음을 영원히 이어가고자 하는 것이리라.

'화려한 오독'의 의미를 찾아 지금까지 우리가 더듬어 온 출발점 공간은 우주적 질서가 지배하는 곳이었다. 우주적 질서 속에서 사랑으로 영위하는 삶을 노래한 것이 '화려한 오독'일 리는 없다. 그것은 실제의 세계였고 또 당위의 세계이기 때문이다. 그래서 우리는 '화려한 오독'의 실체를 찾아 "암면 같은 창가에 정오의 시계바늘처럼 서서" 그가 직시하고 있는 현실의 상황들을 살펴보아야 한다. 먼저 다음 시를 보자.

수족관 속 붕장어들
꼬리가 성한 놈 하나 없다
꼬리를 잘라 먹으며 잘려 먹히며
가슴 한켠을 불룩거린다

이웃이 뜰채에 실려 나가는 것도 못 본 채
곁눈질하며
숨을 껄꾹껄꾹 토해내며
잘린 꼬리를 사운대는 붕장어들

—「붕장어가 사는 법」 전문

해석이 필요 없을 만큼 이 시의 알레고리는 너무도 선명히 이면의 주제를 암시한다. '수족관'이라는 현실 공간과 '잘라 먹으며 잘려 먹히는' 현실 상황, 그리고 "이웃이 뜰채에 실려 나가는 것도 못 본 채/잘린 꼬리를 사운대는 붕장어들"이라는 행위가 극명하게 우리 사회의 어두운 단면과 인간의 어두운 본성에 선명히 겹쳐지기 때문이다. 무한 경쟁이라는 현대적 삶의 양식 속에서 탐욕으로 마모되어 가는 자신의 성심을 우리는 모르며 지나친다. 아니, 알면서도 양심의 소리에 귀 기울이지 않고 오히려 의식적으로 추구하는 일면이 없지 않은 것이다. 그러한 우리들 삶의 모습을 거리를 두고 관찰한다면 수족관 속 붕장어들의 모습과 다를 바가 없을 것이다. 이처럼 시 '붕장어가 사는 법'에서 시인은 오늘날 우리들 삶의 어두운 단면을 날카롭게 포착해 내고 있다. 나아가 그는 잡식성의 인간을 질타하는 시 '원죄'에서 인간의 탐욕이 생래적이라는 부정적 의식까지 보이고 있다. 말하자면 "초식동물은 제아무리 덩치가 커도/눈이 풀이고 혀가 풀이다//육식동물은 제아무리 덩치가 작아도/눈이 화살이고 혀가 비수다//육식에나 초식에나 두루 능수능란한 우리/덩치가 크든 작든/눈은 총알이요 혀는 장검이다"라는 짧은 3연 속에 그는 인간의 탐욕과 비정이 잡식성이라는 타고난 성질 때문이어서 어찌할 수 없음을 한탄하는 듯한 비관적 심경까지 비치고 있다.

그에게 있어 탐욕은 추함이다. "…… 똥파릿빛이 나야 최상품이지라이/중늙은이 여자의 손이 찬그릇 위를 오갈 때마다/어릴 적, 구더기가 우글대던 푸세식 뒷간/응가를 훼방놓던 똥파리!/그 똥파리가 애앵 애앵/저공비행을 하는 게 아닌가/체할지 모를 급전이 마련한 밥상머리를"(시 「똥파리」에서)이라고 결구를 맺는 이 시에서 시인은 '포도 알만 한 진주 반지'를 '똥파리'로 격하시킨다. '포도 알'만 한 진주는 이미 아름다움의 범주를 벗어나 탐욕의 심성을 드러낸 것이며 그것은 결국 추한 것이라는 비판 의식이 날카롭게 드러나 있다. 이러한 인간의 탐욕은 우리를 어디로 끌고 가는 것일까. 우리는 서로 비슷비슷하게 태어나 비슷비슷한 삶을 살고 있다. 그것이 생의 진실임에도 불구하고, 탐욕은 우리로 하여금 남다르게 되기를 부채질한다. 탐욕은 우리가 서로를 끊임없이 비교하고 경쟁하면서 남보다 우위를 차지하도록 안간힘을 쓰게 한다. 그래서 우리는 시인의 냉소적 목소리처럼 마침내 이 탐욕으로 인하여 "서로서로 비슷비슷하지 않기 위하여, 애걸복걸/새빠지게 몸부림을 쳤을,/서산마루 너설에 비슷비슷한/무덤들,"(시 「비슷비슷한」에서)이 되고 마는 것이다.

탐욕의 내부에는 지독한 개인주의가 똬리를 틀고 있다. 출발점에서 확인했던 공동체적 삶이 구성원간의 사랑에 의하여 영위됨과는 달리 무한 경쟁의 삶은 개인이 전제된 것임은 두말할 필요가 없다. 개인으로서 인간은 경쟁에 의하여 부와 명예를 획득하고 신자유주의는 이를 철저히 보호한다. 경쟁에서의 성취는 전적으로 개인의 것이며 개인은 그걸 누리기만 하면 된다. 시 '거룩한 의식'에서 시인은 그 한 현실로 드러난 '같은 동에 사는 두 사내'를 희화한다. 아침저녁으로 만나면서도 소 닭 보듯 하는 두 사내가 자신들이 안고 있던 강아지 때문에 서로 인사를 하게 되는 아이러니컬한 장면을 그려 보인다. "마치 오랜만에 만난 소꿉친구인 양 반가워 죽는다//이십층 사내와 나는/비로소 목례를 나누는 거룩한 의식을 치렀다"라고. 이 아이러니에서 보듯 인간이 강아지에 의하여 상견례도 아닌 '목례'를 나누는 것이 오늘날 우리의 부인할 수 없는 현실이다. 한 건물, 한 골목에 살면서 '목례'를 나누는 것만으로도 그것은 '거룩한' 의식이 되는 것이다. 이러한 개인주의는 사람 상호간에 벽을 쌓게 한다. "바람이 차별 없이 불어오는 날에도/거리는 거리대로/사람은 사람대로/벽을 쌓느라 허무느라/뭐 보고 뭐 볼 겨를 없이 바쁘다"(시 「벽」에서)라는 시인의 빈정거림처럼 우리는 개인으로서 자신을 지키기 위하여 벽을 쌓고, 더욱 든든한 벽을 쌓기 위하여 벽을 허문다.

탐욕과 비정과 경쟁과 자기 보존의 치열한 전쟁터에는 낙오되거나 짓밟힌 자가 있기 마련이다. 시 '사금파리'에서 시인이 "뒷골목 웅덩이에 처박힌/사금파리/세상을 향해 날카롭게 서 있다/누구라도 걸리기만 하면 단숨에 베겠다는/깨어진 생/흉기로 남은,"이라고 안타까움을 토로하는 '깨어진' 삶이 그것이다. 경쟁에서의 패배는 불특정 다수를 향한 증오심을 낳는다. 나 아닌 남 때문에 패배하고 낙오되었다는 책임 전가를 하게 되고 따라서 남을 향한 증오가 마음에 자리잡게 된다. 그러한 마음은 '흉기'로서 사회의 불안 요인이 된다. 또한 능력과 개성을 고려하지 않은 지나친 경쟁은 자포자기의 결과를 초래하기 십상이다. 이미 우리 사회의 교육 문제로 대두된 무분별한 조기유학도 여기에 해당한다. 유학생활에 적응하지 못하고 자포자기의 길을 걷고 있는 수많은 청소년들은 그 경쟁이 가져온 재앙이라 할 것이다. 그것은 마치 시인이 "하늘빛 머금은 청안이/햇살 머금은 홍안이/마치 개구쟁이 같다/제때 제 세상을 만났으면/제상에 점잖이 앉을 것들,"(시 「풋사과」에서)이라고 안타까움을 토로하듯 설익은 마음이 꺾은 설익은 '풋사과'와 다를 바 없다.

이처럼 시인의 현실 인식은 부정적이다. 이렇게 부정적 현실을 있는 그대로 읽는 것이 '화려한 오독'일까. 아직도 우리는 그 근거를 갖지 못했다. 이제 그것을 풀기 위하여 그의 시 '화려한 오독'을 읽기로 하자.

늘 푸르고 넉넉한 산이어서
늘 평안한 줄 알았는데
헐렁한 사내의 낯선 방문에도
꿩은 축포를 쏘고
소나무는 송홧가루를 뿌리고
청설모는 숲을 헤치며 길잡이를 나섰다
백수는 누렸을 너도밤나무 발치로 흐르는
개울은 여울목을 내 주고
산까치 솔새 도라지 산국……

환영연을 베푸는
산,
이토록 기골이 장대한 산도
외로움엔 초연할 수 없었던가

—「화려한 오독」 전문

이 시는 지금까지 우리가 문제 삼아 오던 표제와 같은 제목의 '화려한 오독'이라는 시다. 시적 자아가 무엇을 잘못 읽었다는 것일까. 꿩이며 청설모며 소나무 등속의 산 속 존재들의 움직임을 잘못 읽고 있다는 것일까, 산이란 큰 주체의 외로움을 잘못 읽고 있다는 것일까. 다시 차근차근 이 시의 의미 구조를 분석해 보자. 13행으로 구성된 이 시는 1, 2행이 12, 13행에서 변화반복 되고 3행부터 11행이 그 가운데 담기는 수미상응의 구조를 이루고 있다. 즉 가운데 부분 '헐렁한 사내에게 산이 베푸는 분에 넘치는 환영연'을 수미에서 '겉보기에는 푸르고 넉넉한 산도 실은 외롭기 때문이다'라는 환영 이유가 감싸고 있다. 이를 더욱 단순화하면 '넉넉해 보이는 산도 실은 외로워 헐렁한 사내마저 환영한다'라는 진술이 된다. 이 진술 속에는 겉으로 드러나지 않은 의미가 있다. 즉, 시적 자아는 외로워 넉넉한 '산'—산처럼 넉넉하고 평안해 보이는 사람—을 찾아간다. '산'과 같이 겉보기에 넉넉하고 평안해 보이는 사람도 실은 외로움을 갖고 있었다, 결국 외로움은 존재의 본질이다, 등의 의미가 함축되어 있다. 그런데 시의 제목은 시의 내용과 등가의 관계에 있음을 감안한다면, 이러한 의미 읽기를 시인은 잘못 읽었다고 말한 셈이 된다. 더욱이 '화려한'이라고 한정함으로써 시인은 '산의 외로움' 읽기가, 번화하고 곱고 다채롭고 호화로운, 그래서 사치스러운 '잘못 읽기'라고 부정한 셈이 된다. 그러고 보면 그가 생각한 존재의 본질은 외로움 그 너머의 다른 데에 있다. 이 의문을 풀기 위하여 우리는 그의 또 다른 시들을 살펴보아야 한다.

시 '숲에서 온 편지'가 우리의 눈길을 끈다. "뿌리는 뿌리대로/가지는 가지대로/얼크렁설크렁 뒹구렁물그렁/어깨에 어깨 걸고/가슴에 가슴 잇대고/다 그렇게들 사네요"라고 시작되는 이 시는 우리가 지나쳐 버리기 쉬운 평범함 속에서 삶의 진실들을 찾아 노래한다. 삶이란 어울려 산다는 것, 크건 작건 다 자기를 산다는 것, 자기 존재를 긍정한다는 것, 그리고 "난 자리에 들면서,/든 자리에 또 나면서," 한 생명이 또 다른 생명으로 이어지는 것이라고 노래한다. 우리는 자기 부정을 통하여 자신을 새롭게 키워 나갈 수 있다. 그러나 자기 부정은 자기 긍정, 자기 자신의 가능성에 대한 믿음

없이 이루어지는 것이 아니다. 자기에 대한 긍정이야말로 스스로를 완성해 가는 힘인 것이다. 이 자기 긍정을 바탕으로 자신을 완성해 가며 이웃과 더불어 사는 것, 그리고 자연의 섭리에 따라 사는 것을 시인은 삶의 진실이라 노래한다. 이는 또 다른 시 '흰제비꽃'의 세계이기도 하다. "드넓은 양지를 발치에 두고/응달 바위틈에 뿌리를 내린 건/신만이 운명을 점지할 수 있다는 뜻일 게다/저토록 아픈 뿌리를 살면서도/꽃을 피운 건/어떻게 사는 게 신의 섭리에 따르는 것인지/이르는 뜻일 게다"라는 짧은 읊조림 속에 시인은 '흰제비꽃'으로서 인간 존재가 자기 긍정의 힘으로 이루어내는 자기 완성을 형상화하고 있다.

자기완성을 위하여 그는 스스로를 부정한다. "하늘빛에 드맑은 도랑물/허름한 얼굴을 씻자니, 옴개구리가/고장물을 일으켜 얼굴을 지웁니다/앙금이 가라앉자/입은 온데간데없고, 옴개구리가/ 연덕스럽게 넙죽 엎드려 있습니다"(시 「도랑물에 얼굴을 씻자니」에서)라는 표백에서처럼 그는 자신이 '해맑은 웃음을 씻는 아이들 얼굴'에서 멀어져 '옴개구리 얼굴'이 되어 있음을 발견하고 자책한다. 얼굴이란 마음의 겉모습이다. 시인은 이 얼굴을 빌려 자신이 '해맑은 웃음'이라는 순수성에서 멀어져 있음을 알아채고 자책한다. 다시 말하면 자신에게 나타나는 순수성의 상실을 그는 부정하고 경계하고 있다. 또한 그는 자기완성을 위하여 스스로를 점검한다. "발등을 덮을까말까 한 눈,/……/ 조심조심 걷다/무심코 짐승 발자국을 따라 걸었습니다/그러다 그만 폭삭 주저앉았습니다/아뿔싸,/그의 가벼운 발자국에/이 무거운 몸을 얹었으니/그러고도 남을 일이지요"(시 「눈길」에서). 그는 자신의 '무거움'을 저울질한다. 그리고 얇은 눈에도 가라앉지 않는 짐승의 가벼움처럼 아직은 세상사에서 가벼운 마음으로 살지 못하는, 영혼이 무거운 자신을 돌아본다.

자기부정을 통한 자기완성으로 나아가려는 이러한 안간힘에서 우리는 그가 "눈 밝은 세상 한복판까지 발자국을 세고 있는" 심경을 읽는다. 이제 우리는 '화려한 오독'의 어리둥절함에서 자유로울 수 있다. 시인에게 있어 "암면 같은 창가에서 있는" 현실은 탐욕과 비정과 경쟁의 전쟁터이다. 이 부정적 현실에서 저 출발점의 유토피아를 읽으려는 것은 그에겐 '화려한 오독'이다. 더욱이 그 속에 있는 존재의 본질을 '외로움'으로 읽는 것은 더더욱 사치스러운 오독이다. 그의 시가 화려한 조사로 길어지지 않은 이유도 여기에 있을 것이다. 직관적 진실의 발견이란 긴 말이 필요 없으므로. 그래서 이

제 그는 소처럼 나아갈 것이다. "평생 진 멍에로는 전생의 업을 다 씻지 못했는가/북을 메어 또 백년을 울리는/소는," (시 「소」 전문)이라고 노래한 아포리즘 속 진실을 향하여.